キッズ生活探検
おはなしシリーズ

おぼえておこう安全大作戦

斉藤洋とキッズ生活探検団
森田みちよ 絵

玉川大学出版部

キッズ生活探検《せいかつたんけん》
おはなしシリーズ

おぼえておこう
安全大作戦《あんぜんだいさくせん》

目《もく》次《じ》

白《しろ》ネコ、ムクの妖怪案内《ようかいあんない》

斉藤洋《さいとうひろし》 作《さく》 森田《もりた》みちよ 絵《え》

ムクと考《かんが》えよう　安全大作戦《あんぜんだいさくせん》

白《しろ》ネコ、ムクの妖怪案内《ようかいあんない》

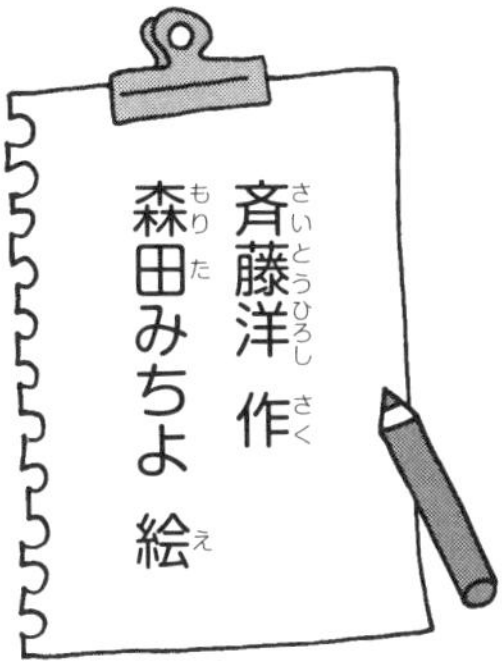

斉藤洋《さいとうひろし》 作《さく》
森田《もりた》みちよ 絵《え》

お話《はなし》のまえに

妖怪《ようかい》って、ほんとうにいるのでしょうか？

「そりゃあ、いるよ。ただし、時代《じだい》がかわれば、妖怪《ようかい》だって、かわってくる。昔《むかし》は、からかさや、ちょうちんのおばけなんかがいたけど、このごろはあんまり見《み》ない。かっぱなんかも絶滅《ぜつめつ》しちゃって、もういない。そのかわり、新《あたら》しい妖怪《ようかい》がどんどん生《う》まれてきているんだ。そういうやつらから、どうやって身《み》を守《まも》るか、教《おし》えてあげよう！」

そういって、白《しろ》ネコのムクは話《はなし》を始《はじ》めたのです。

1　妖怪《ようかい》コトオナンへ

道《みち》というのは、山《やま》おくの道《みち》ではなく、町《まち》の道《みち》であっても、いつでも人《ひと》どおりが多《おお》いとはかぎらない。夜《よる》はもちろん、ひるまだって、道路《どうろ》にだれもいなくなることがある。

まだ日《ひ》の高《たか》い午後《ごご》、大都会《だいとかい》の住宅街《じゅうたくがい》の道《みち》を歩《ある》いていて、みょうに静《しず》かなので、あたりを見《み》まわすと、だれもいないことがある。妖怪《ようかい》は、そういう瞬間《しゅんかん》が大《だい》すきなのだ。

だから、そういうときに、妖怪《ようかい》コトオナンへもあらわれる。

たとえば、学校《がっこう》からの帰《かえ》り道《みち》、小学生《しょうがくせい》がひとりでとぼとぼと歩《ある》いていると、電柱《でんちゅう》のかげや、児童公園《じどうこうえん》のしげみのうしろから、そしてまた、とめてある自動車《じどうしゃ》のうしろから、コトオナンヘは、にやにやと、いやらしい笑《わら》いを口《くち》もとにうかべながら、あらわれる。

たとえ真夏《まなつ》であっても、たいてい、コトオナンヘは長《なが》いコートを着《き》ている。

「見《み》たいか、見《み》たいか、見《み》たいか……。」

とわけのわからないことをつぶやきながら、一歩《いっぽ》、また一歩《いっぽ》と、きみに近《ちか》づいてくる。

このとき、きみがふざけて、

「見《み》たい、見《み》たい！」

なんていおうものなら、妖怪《ようかい》コトオナンヘは……。

着《き》ているコートのえりを左右《さゆう》の手《て》でつかみ、いっきに両手《りょうて》をひろげる。すると、コートの下《した》から、がいこつがあらわれるのだ！

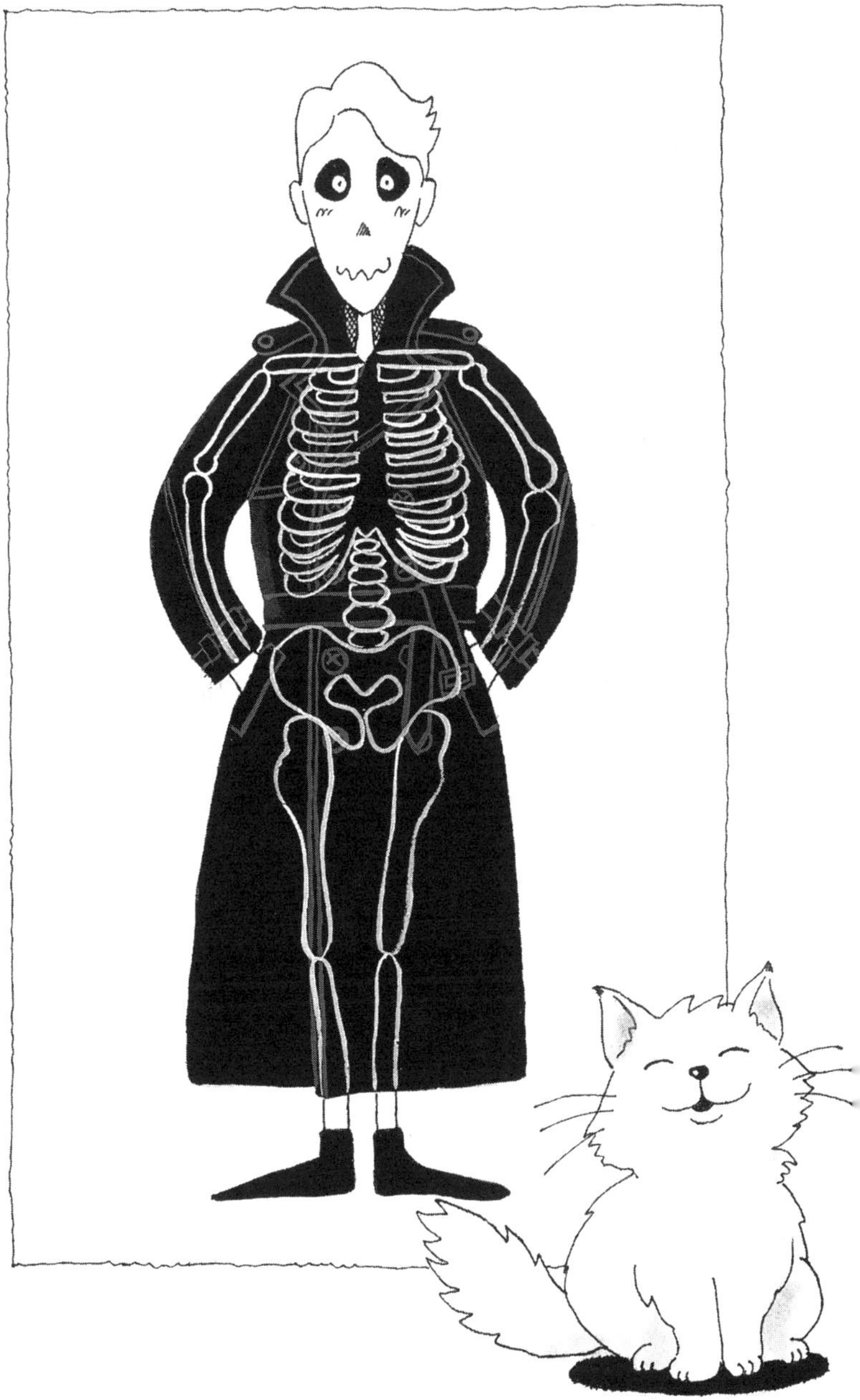

カタコト、カタコトコトカタ－ッ！

風《かぜ》もないのに、肋骨《あばらぼね》がゆれ、たがいにぶつかりあって、かわいた音《おと》をなりひびかせる。

このときになって、きみが、

「見《み》たい、見《み》たい！」

といってしまったことを後悔《こうかい》しても、もうおそい。

妖怪《ようかい》コトオナンへはコートを左右《さゆう》にひろげたまま、きみにだきつき、さっときみをつつみこんでしまう。

なまぐさいにおいがきみの鼻《はな》をつく。

コトオナンへの肋骨《あばらぼね》がのびて、きみの体《からだ》にまとわりついてくる。

コートの中《なか》で、がいこつにつつみこまれたきみはいったいどうなるのか？

もちろん、がいこつになってしまうのだ。

数分後《すうふんご》、妖怪《ようかい》コトオナンへが立《た》ちさったあとには、子《こ》どものがいこつがのこっていることになる。もちろんそれは、きみの骨《ほね》だ……。

それでは、コトオナンへに声《こえ》をかけられたとき、もしきみが、

「見《み》たくない！」

とこたえたら、どうなるか？

結果《けっか》はおなじだ。きみはコトオナンへにだきつかれ、数分後《すうふんご》には骨《ほね》になってしまう。

妖怪《ようかい》コトオナンへは、春《はる》から秋《あき》にかけて、道《みち》に出没《しゅつぼつ》することが多《おお》い。それでは、冬《ふゆ》なら出《で》ないかというと、そうでもない。だが、道《みち》に出《で》ることは少《すく》なく、そのかわり、地下鉄《ちかてつ》のホームにあらわれたりする。

どうやら、妖怪《ようかい》コトオナンへは寒《さむ》さに弱《よわ》いらしい。その証拠《しょうこ》に、冬《ふゆ》、雪《ゆき》がふりしきるところで、妖怪《ようかい》コトオナンへを見《み》たという話《はなし》はきいたことがない。

だが、しかし、妖怪《ようかい》コトオナンへが雪国《ゆきぐに》にあらわれないという保証《ほしょう》はない。
ひょっとすると、北海道《ほっかいどう》のどこまでもつづく雪原《せつげん》の上《うえ》、

「見《み》たいか、見《み》たいか、見《み》たいかーっ！」

とさけびつつ、猛吹雪《もうふぶき》をものともせずに、かけぬけていくコトオナンへもいるかもしれない。

けれども、このわたし、白《しろ》ネコのムクは、そこまで根性《こんじょう》のあるコトオナンへにあったことはない。

では、妖怪《ようかい》コトオナンへに出《で》くわしたら、どうするか、それを教《おし》えよう。
だいじなことは、コトオナンへに話《はな》しかけられても、へんじをしないことだ。無視《むし》して、さっさと立《た》ちさるのがいちばん。そうすれば、たいてい、コトオナンへはおいかけてこない。

えへらえへらと、てれくさそうに笑《わら》って、すごすごとどこかへいってしまうことが多《おお》い。でも、もし、おいかけられたら？　そのときは、どこでもいいから、近《ちか》くのお店《みせ》にかけこむしかない。

このとき、にげながら、大声《おおごえ》で、

「わーっ！　たすけてーっ！　だれか、きてーっ！」

とさけび、たすけをもとめるのはとてもいい。コトオナンへは、大声《おおごえ》がきらいだからだ。

それから、コトオナンへは、じぶんの名《な》まえをぎゃくによばれるのがすきでないらしいということがわかっている。だから、コトオナンへをぎゃくに読《よ》んで、さけぶのがいいという。

そうそう、コトオナンへは、ひとつの場所《ばしょ》にあらわれると、つづけて、その近所《きんじょ》に何度《なんど》も出没《しゅつぼつ》する傾向《けいこう》がある。だから、コトオナンへを目撃《もくげき》したら、警《けい》察《さつ》にとどけるのがいい。昔《むかし》の妖怪《ようかい》は、おまわりさんをこわがったりしなかったが、どういうわけか、このごろの妖怪《ようかい》は、おまわりさんをおそれるものが多《おお》い。妖怪《ようかい》コトオナンへも、おまわりさんはにがてらしい。

それからもうひとつ、これはかならずそうだとはいいきれないのだが、コトオナンへはこちらがひとりでいるときに出《で》てくることが多《おお》い。だから、学校《がっこう》から帰《かえ》るときは、ひとりではなく、友《とも》だちといっしょのほうがコトオナンへにあいにくい。

2　首《くび》なし騎《き》馬《ば》武《む》者《しゃ》

道《みち》に出没《しゅつぼつ》する妖怪《ようかい》は、もちろん、妖怪《ようかい》コトオナンへだけではない。首《くび》なし騎《き》馬《ば》武《む》者《しゃ》もよく出《で》る。

首《くび》なし騎《き》馬《ば》武《む》者《しゃ》とは、つまり、戦国時代《せんごくじだい》のよろいを着《き》た武《む》者《しゃ》が馬《うま》に乗《の》っているものだ。

地方《ちほう》によっては、お祭《まつ》りの行列《ぎょうれつ》で、戦国武者行列《せんごくむしゃぎょうれつ》とかいうようなものがあるが、それとはまるでちがう。

お祭《まつ》りの戦国武者行列《せんごくむしゃぎょうれつ》の武《む》者《しゃ》は、ちゃんとかぶとをかぶっていたり、頭《あたま》にはちまきをしているが、首《くび》なし騎《き》馬《ば》武《む》者《しゃ》はそんなことはしない。なぜなら、首《くび》なし騎馬武者《きばむしゃ》は、首《くび》から上《うえ》がないからだ。ない頭《あたま》にかぶとはかぶれないし、はちまきだってできない。

首《くび》なし騎馬武者《きばむしゃ》とお祭《まつ》りの戦国武者行列《せんごくむしゃぎょうれつ》のちがいはそれだけではない。

お祭《まつ》りの戦国武者行列《せんごくむしゃぎょうれつ》は、おもいきり馬《うま》をとばしたりはしないものだが、首《くび》なし騎馬武者《きばむしゃ》は、ものすごいスピードで車道《しゃどう》を走《はし》ってくる。そして、歩道《ほどう》からはみだして、車道《しゃどう》を歩《ある》いている人間《にんげん》がいれば、その人《ひと》をはねとばしていく。

それから、戦国武者行列《せんごくむしゃぎょうれつ》との大《おお》きなちがいがもうひとつある。それは音《おと》だ。戦国武者行列《せんごくむしゃぎょうれつ》は、パッカパッカとのんびりしたひづめの音《おと》をたてて、やってくる。しかし、首《くび》なし騎馬武者《きばむしゃ》はブワワワーンという、爆発音《ばくはつおん》とともに出現《しゅつげん》する。

首《くび》なし騎馬武者《きばむしゃ》は一騎《いっき》であらわれることもあれば、おおぜいでやってくることもある。

首《くび》なし騎《き》馬《ば》武《む》者《しゃ》は、どこからともなくあらわれ、横《おう》断《だん》歩《ほ》道《どう》があろうが、信《しん》号《ごう》が赤《あか》になっていようが、かまわず、つっ走《ぱし》り、どこへともなくさっていく。

首《くび》なし騎《き》馬《ば》武《む》者《しゃ》は、とても危《き》険《けん》な妖《よう》怪《かい》なのだ。

首《くび》なし騎《き》馬《ば》武《む》者《しゃ》を見《み》たら、どうしたらいいのか？

たいていの首《くび》なし騎《き》馬《ば》武《む》者《しゃ》は歩《ある》くことがきらいだ。だから、歩《ほ》道《どう》もきらいだ。したがって、歩《ほ》道《どう》にいれば、ほとんどおそわれることはない。だがしかし、歩《ほ》道《どう》をものともしない首《くび》なし騎《き》馬《ば》武《む》者《しゃ》も、たまにはいる。だから、歩《ほ》道《どう》にいるからといって、ぜったいだいじょうぶとはいいきれない。ブワワワーンという爆《ばく》発《はつ》音《おん》が聞《き》こえたら、とにかく注《ちゅう》意《い》することだ。

いつ、首《くび》なし騎《き》馬《ば》武《む》者《しゃ》があらわれるか、それはわからない。気《き》がつくと、そこにもう首《くび》なし騎《き》馬《ば》武《む》者《しゃ》がせまっている。だから、道《どう》路《ろ》を横《おう》断《だん》するときは、左《さ》右《ゆう》をよく見《み》なければならない。歩行者用信号《ほこうしゃようしんごう》が青《あお》でも、安心《あんしん》していてはいけない。信号《しんごう》が赤《あか》だろうが青《あお》だろうが、首《くび》なし騎馬武者《きばむしゃ》は気《き》にしたりはしないのだ。ひどい首《くび》なし騎馬武者《きばむしゃ》になると、車道《しゃどう》から歩道《ほどう》をつっきって、建物《たてもの》にとびこんでくるものもいる。

このわたし、白《しろ》ネコのムクも一度《いちど》、首《くび》なし騎馬武者《きばむしゃ》が近所《きんじょ》のスーパーマーケットにつっこんでいくのを見《み》たことがある。そういう首《くび》なし騎馬武者《きばむしゃ》から身《み》を守《まも》るのは、なかなかむずかしい。

3　鬼火女《おにびおんな》と毒煙男《どくけむりおとこ》

鬼火女《おにびおんな》は、ひるまはあまりあらわれない。夜《よる》に出《で》ることが多《おお》い。だいたい、小学校《しょうがっこう》にあるバケツくらいの大《おお》きさの火《ひ》の玉《たま》で、ほのおがさかだった髪《かみ》のような形《かたち》をしている。そして、よく見《み》ると、火《ひ》のまん中《なか》に女《おんな》の顔《かお》がある。かんたんにいうと、女《おんな》の首《くび》がまっ赤《か》にもえて、飛《と》んでいると思《おも》えばいい。

暗《くら》い路地裏《ろじうら》が、きゅうにぱっと明《あか》るくなると、そこに鬼火女《おにびおんな》がいる。

最初《さいしょ》は、おとなの背《せ》たけくらいのところを上下左右《じょうげさゆう》にゆれているだけなのだが、そのうち、動《うご》きが大《おお》きくなり、火《ひ》の粉《こ》を飛《と》びちらせながら、地面《じめん》すれすれのところから、屋根《やね》の上《うえ》まで飛《と》びあがったり、道《みち》ばたから、人家《じんか》の庭《にわ》に入《はい》り

こんだりする。ただ火《ひ》の粉《こ》を飛《と》びちらしているだけのうちはまだよい。そのうち、口《くち》を耳《みみ》まで さいて、

「ひじゃあ……。」

とうめき声《ごえ》をあげ、つぎの瞬間《しゅんかん》、口《くち》から、ものすごいいきおいで、火《ひ》をふきだす。

火《ひ》はそのへんにおいてあるもえやすいものにもえうつる。そして、やがてその火《ひ》は家《いえ》にもえうつり、気《き》がつくのがおそければ、家《いえ》はぜんぶやけてしまう。その家《いえ》だけではなく、何《なん》げんもの家《いえ》がやけてしまうことだってある。

鬼火女《おにびおんな》は高《たか》くまいあがり、もえている家《いえ》を上《うえ》から見《み》おろして、ぶきみな声《こえ》で笑《わら》うのだ。

「ひーっひっひっひーっ！」

また、このとき、火《ひ》でできた歯《は》を高《たか》らかに、

「かーっかっかっかーっ！」

と、かみならすこともある。

この声《こえ》や音《おと》をきいて、

「ひーっひっひっひーっ！」

も、

「かーっかっかっかーっ！」

も、漢字《かんじ》で書《か》くと、

「火ーっ火っ火っ火ーっ！」

だといった妖怪研究家《ようかいけんきゅうか》がいるが、たしかにそのとおりだと、このわたし、白《しろ》
ネコのムクもそう思《おも》う。

また、火《ひ》に関係《かんけい》する妖怪《ようかい》として、毒煙男《どくけむりおとこ》というのもいる。

これは、鬼火女《おにびおんな》ほど悪質《あくしつ》ではないが、朝《あさ》だろうが、昼《ひる》だろうが、夜《よる》だろうが、かまわず道《みち》にあらわれる。とてもめいわくな妖怪《ようかい》だ。

毒煙男《どくけむりおとこ》は、一見《いっけん》、ふつうの人間《にんげん》の男《おとこ》のようだが、口《くち》や鼻《はな》や耳《みみ》から煙《けむり》をだしながら、あたりまえのように、ずうずうしく道《みち》を歩《ある》いていく。煙《けむり》には猛毒《もうどく》があり、一度《いちど》吸《す》っただけで、気《き》もちが悪《わる》くなって、気《き》をうしなうこともある。何度《なんど》も吸《す》うと、命《いのち》をおとすこともある。

毒煙男《どくけむりおとこ》のおよぼす迷惑《めいわく》はそれだけではない。毒煙男《どくけむりおとこ》の両手《りょうて》の指《ゆび》には火《ひ》がついていて、すれちがいざまに、その火《ひ》がこちらにぶつかって、やけどをする。ぶつかられたほうが人間《にんげん》の子《こ》どもだったりすると、毒煙男《どくけむりおとこ》の手《て》の位置《いち》が、子《こ》どもの顔《かお》のあたりになるから、顔《かお》にやけどをすることもある。

鬼火女《おにびおんな》の害《がい》から身《み》を守《まも》るにはどうしたらいいのだろうか。

まずは、家《いえ》のまわりに、もえやすいものをおかないことだ。また、鬼火女《おにびおんな》はコトオナンへとおなじで、おなじ地区《ちく》に何度《なんど》も出没《しゅつぼつ》することが多《おお》いから、近所《きんじょ》で鬼火女《おにびおんな》が出《で》たというニュースがつたわってきたら、夜《よる》、家《いえ》のまわりをパトロールするのも、よい方法《ほうほう》だ。しかし、パトロールは子《こ》どもだけでしてはいけない。かならず、おとなとするようにしよう。なぜなら、鬼火女《おにびおんな》は、あいてが子《こ》どもだと、飛《と》びついてきて、頭《あたま》にかみつくことがあるからだ。鬼火《おにび》女《おんな》にかまれたら、頭《あたま》に傷薬《きずぐすり》とやけど薬《ぐすり》の両方《りょうほう》をぬらなければならないくらいではすまない。鬼火女《おにびおんな》に頭《あたま》をかまれた女《おんな》の子《こ》は、じぶんも鬼火女《おにびおんな》になってしまうそうだ。

それなら、男《おとこ》の子《こ》だったら？　男《おとこ》の子《こ》でも、鬼火女《おにびおんな》にかまれたら、ただではすまない。かまれた瞬間《しゅんかん》、毒煙男《どくけむりおとこ》になってしまうのだ。

鬼火女《おにびおんな》はおとなの頭《あたま》はきらいなようだ。その理由《りゆう》について、ある妖怪研究《ようかいけんきゅう》家《か》はこういっている。

「鬼火女《おにびおんな》の口《くち》の大《おお》きさが、小学生《しょうがくせい》の頭《あたま》にかみつくのにちょうどいいからだ。おとなの頭《あたま》だと、鬼火女《おにびおんな》の口《くち》には大《おお》きすぎるのだろう。」

また、毒煙男《どくけむりおとこ》を見《み》たら、どうしたらいいのだろうか?

毒煙男《どくけむりおとこ》は、はためいわくにはちがいないのだが、鬼火女《おにびおんな》ほどの凶暴性《きょうぼうせい》はない。だから、毒煙男《どくけむりおとこ》がそばにきたら、息《いき》をとめ、煙《けむり》を吸《す》いこまないようにして、できるだけ早《はや》く、毒煙男《どくけむりおとこ》からはなれるのがいいだろう。

4　乗《の》りもの妖怪《ようかい》リクダコオヤジとスワリニギリ

　昔《むかし》の妖怪《ようかい》というのは、夕方《ゆうがた》や夜《よる》に出没《しゅつぼつ》するものが多《おお》かった。これについて、ある妖怪研究家《ようかいけんきゅうか》はこういっている。

「昔《むかし》は、電気《でんき》がなかったので、今《いま》とはくらべものにならないくらい暗《くら》かったのです。妖怪《ようかい》としては、あれこれいたずらをするのに、暗《くら》いほうがつごうがいいわけですから、夕方《ゆうがた》、暗《くら》くなりかけてから、明《あ》け方《がた》のあいだまで、あちこちに出没《しゅつぼつ》したのです。けれども、このごろでは、夜《よる》だってけっこう明《あか》るいし、妖《よう》怪《かい》としては、悪《わる》さがしづらくなったのです。どうせ、やりづらいなら、昼《ひる》でも夜《よる》でもおなじだから、このさい、ひるまもやってしまおうと、そう思《おも》った妖怪《ようかい》

たちがひるまから、あちこちにあらわれるようになったわけです。」

この意見《いけん》はだいたいあっているると、このわたし、白《しろ》ネコのムクも思《おも》う。ところが、昔《むかし》も今《いま》も、もともと朝《あさ》というのは、あまり妖怪《ようかい》があらわれる時《とき》ではない。

これについて、その妖怪研究家《ようかいけんきゅうか》はこういっている。

「それはですね。妖怪《ようかい》たちは、夜《よる》は墓場《はかば》で運動会《うんどうかい》をしているので、どうしても朝《あさ》ねぼうなんですね。ですから、朝《あさ》はにがてなんです。」

この意見《いけん》については、わたしは賛成《さんせい》できない。

このわたし、白《しろ》ネコのムクは、夜中《よなか》にあちこち散歩《さんぽ》にいく。もちろん、墓地《ぼち》にもいく。今《いま》まで何百回《なんびゃっかい》も夜《よる》のいろいろな時刻《じこく》にいったが、妖怪《ようかい》たちが墓場《はかば》で運動会《うんどうかい》をしているのを見《み》たことはない。

わたし、白《しろ》ネコのムクはこう思《おも》う。

たぶん、朝《あさ》だって、あちこちに妖怪《ようかい》は出没《しゅつぼつ》しているのだ。ところが、朝《あさ》は人間《にんげん》のほうがいそがしいから、妖怪《ようかい》がそこにいても、気《き》づかないのではないだろうか。

また、このごろでは、朝《あさ》に多《おお》く出《で》る妖怪《ようかい》もいる。それはリクダコオヤジだ。リクダコオヤジはたいてい、ふつうのビジネスマンのように、スーツを着《き》ている。顔《かお》も一見人間《いっけんにんげん》とかわらないから、近《ちか》くにきても、それが妖怪《ようかい》だとはわからない。

リクダコオヤジは女《おんな》の子《こ》が大《だい》すきだ。女《おんな》の子《こ》が朝《あさ》、満員電車《まんいんでんしゃ》に乗《の》っていると、いつのまにかリクダコオヤジはすぐそばにきている。そして、ぴたりと体《からだ》をくっつけてくるのだ。なんといやらしい妖怪《ようかい》だろうか！

満員電車《まんいんでんしゃ》の中《なか》で立《た》っていると、どうしても体《からだ》がくっついてしまうこともあるが、リクダコオヤジは体《からだ》をくっつけてくるだけではない。左右《さゆう》のスーツのそでから、それぞれ三本《さんぼん》ずつ手《て》を出《だ》して、それで女《おんな》の子《こ》にだきついたり、体《からだ》のあちこちにさわってきたりする。まったくもって、けしからん妖怪《ようかい》だ。

リクダコオヤジは手《て》が六本《ろっぽん》、足《あし》が二本《にほん》で、合計八本《ごうけいはっぽん》あって、タコの足《あし》の数《かず》とおなじなので、リクダコオヤジといわれている。

手足《てあし》が八本《はっぽん》という以外《いがい》は、リクダコオヤジは人間《にんげん》とおなじかっこうをしている。ふだんは、上着《うわぎ》の左右《さゆう》のそでからそれぞれ一本《いっぽん》ずつしか手《て》を出《だ》していないから、よけいに人間《にんげん》っぽく見《み》える。

それから、リクダコオヤジの友《とも》だちで、スワリニギリという妖怪《ようかい》もいる。

スワリニギリもふつうの人間《にんげん》のかっこうをしているから、妖怪《ようかい》だとはわかりにくい。しかも、リクダコオヤジのように手足《てあし》が八本《はっぽん》あるわけではなく、手《て》がふたつ、足《あし》が二本《にほん》だ。

リクダコオヤジが満員電車《まんいんでんしゃ》の、しかも、座席《ざせき》ではないところにあらわれるのにたいし、スワリニギリは、べつに満員《まんいん》でなくてもあらわれる。どちらかとい

うと、バスに多《おお》いようだ。やはり、女《おんな》の子《こ》が被害《ひがい》にあいやすい。

たとえば、女《おんな》の子《こ》がバスの座席《ざせき》にすわっていると、スワリニギリはとなりの席《せき》に腰《こし》をおろし、やぶからぼうに、手《て》をにぎってくるのだ。このとき、

「ああ、いい気《き》もち。おまえのおててはやわらかだねえ。」

なんて、ぶきみにあまったるい声《こえ》でささやいたりする。

なにが、ああ、いい気《き》もちだ！　手《て》をにぎられているほうは、気《き》もちがいいどころか、ものすごく気《き》もちが悪《わる》い！

リクダコオヤジもスワリニギリも、乗《の》りものにあらわれるから、乗《の》りもの妖《よう》怪《かい》といわれている。

リクダコオヤジやスワリニギリにさわられたら、どうすればいいのか？

いちばんいいのは、あいての手《て》をにぎりかえして、高《たか》くあげ、

「この手《て》はだれの手《て》ですか！　この手《て》がいやらしいことをするんです！」

と大声《おおごえ》でさけぶことだ。

気《き》もちが悪《わる》くて、手《て》なんかつかめないというのであれば、とにかく大声《おおごえ》をだす。すると、たいていは、さわるのをやめてくる。

それから、このごろは、朝《あさ》のラッシュアワーの電車《でんしゃ》だと、女性専用車《じょせいせんようしゃ》という車両《しゃりょう》があることもある。そういう車両《しゃりょう》だと、リクダコオヤジはあらわれない。女性専用車《じょせいせんようしゃ》なら、女《おんな》しか乗《の》っていないから、リクダコオヤジが大《だい》すきな場所《ばしょ》になりそうなものだが、女《おんな》しかいない場所《ばしょ》にもぐりこんでいく度胸《どきょう》も根性《こんじょう》も、リクダコオヤジにはないのだろう。

リクダコオヤジやスワリニギリにさわられたら、駅員《えきいん》さんやバスの運転手《うんてんしゅ》さんにすぐにとどけよう。

そうそう、めったにあらわれないが、リクダコオンナという妖怪《ようかい》もいる。これは、メスのリクダコオヤジだ。

リクダコオンナもリクダコオヤジも、人間《にんげん》のすがたをしているから、そばにきても、妖怪《ようかい》だとは気《き》づかない。

リクダコオンナがねらうのは、男《おとこ》の子《こ》だ。リクダコオンナからどのように身《み》を守《まも》るかは、リクダコオヤジとおなじだ。

女《おんな》のスワリニギリも、数《かず》は少《すく》ないが、いるにはいるらしい。地方《ちほう》によって、オンナスワリニギリとか、スワリニギラとよばれている。

5　3D《スリーディー》妖怪《ようかい》スキマクグリ

夕方《ゆうがた》、小学生《しょうがくせい》が学校《がっこう》からうちまで帰《かえ》ってきて、ドアをあけた瞬間《しゅんかん》、スキマクグリはすぐうしろにいる。そして、小学生《しょうがくせい》が家《いえ》の中《なか》に入《はい》ると、いっしょに入《はい》ってきてしまう。

うちの人《ひと》がだれかいれば、たすけをもとめればいいが、だれもいないと、たいへんなことになる。

スキマクグリはどんな悪《わる》いことでも、平気《へいき》でする。

スキマクグリの体《からだ》は、ダンボールくらいのあつみしかない。スキマクグリはだれかのあとをつけて、家《いえ》までついてくるとき、よこむきに歩《ある》く。すると、あとをつけられているほうがふりむいても、あつみがあまりないので、気《き》づきにくい。スキマクグリは尾行《びこう》がうまいのだ。

また、ひとりでるすばんなどをしていると、スキマクグリがげんかんのドアをノックしたり、あるいは、インターフォンのスイッチをおし、

「おかあさん、いますか？」

などと、しりあいのふりをすることがある。

もっとずうずうしく、たとえばおかあさんの名《な》まえが、山田花子《やまだはなこ》だとすると、

「山田花子《やまだはなこ》さん、いらっしゃいますか？」

などといったりする。

そんなふうにいわれると、おかあさんのしりあいとか、友《とも》だちなのかと思《おも》ってしまうが、じつは、ぜんぜんちがうのだ。スキマクグリは、あらかじめ、その家《いえ》の家族《かぞく》の名《な》まえをしらべておくこともあるし、ただ、げんかんの表札《ひょうさつ》に

書《か》いてある名《な》を読《よ》んで、

「山田花子《やまだはなこ》さん、いらっしゃいますか？」

などといっていることもある。

また、スキマクグリはしりあいではなく、宅配便《たくはいびん》の配達員《はいたついん》のふりをすることもある。

スキマクグリはよこから見《み》ると、うすっぺらいのだが、まえから見《み》ると、ちゃんとあつみがあるように見《み》える。たいらなのに、たいらではないように見《み》えるから、3D《スリーディー》妖怪《ようかい》なのだ。まえからだと、ふつうの人間《にんげん》にしか見《み》えないところがおそろしい。だから、テレビカメラつきのインターフォンで見《み》たくらいでは、スキマクグリの正体《しょうたい》は見《み》やぶれない。

スキマクグリがやってきたら、どうしたらいいのだろうか？

うちに帰《かえ》るとちゅう、スキマクグリがついてきているのに気《き》づいたら、うちには帰《かえ》らず、あいているお店《みせ》に入《はい》り、そこでたすけをもとめよう。

とにかくスキマクグリは尾行《びこう》がうまいから、うちの近《ちか》くまで帰《かえ》ってきたら、あやしいものが近《ちか》くにいないか、よく見《み》きわめてから、家《いえ》に入《はい》るようにしよう。

もしかすると、るすばんをしているときにきた人《ひと》がほんとうにおかあさんのしりあいだったらどうしよう、と思《おも》う人《ひと》がいるかもしれない。また、ほんとうに荷物《にもつ》をとどけにきてくれた宅配便《たくはいびん》の配達員《はいたついん》だったら、どうしようと思《おも》う人《ひと》もいるだろう。

そんなことは気《き》にしなくていい！

もし、ほんとうにおかあさんのしりあいや友《とも》だちだったのに、それをスキマクグリだと思《おも》ってしまい、ドアをあけなくても、たいしたことにはならない。あとで、おかあさんにせつめいしてもらえばすむことだ。

また、ほんとうに宅配便《たくはいびん》の配達員《はいたついん》がアイスクリームをもってきてくれたとしたら、どうしよう？　うけとらないと、アイスクリームがとけてしまうんじゃないか、なんて思《おも》う必要《ひつよう》はない。

宅配便《たくはいびん》の車《くるま》には、冷凍庫《れいとうこ》がついているからだいじょうぶ！　また、あとでもってきてもらえばいいだけだ。

とにかく、ひとりでるすばんをしているときには、いや、ひとりじゃなくても、子《こ》どもたちだけでるすばんをしているときには、だれがきても、げんかんのドアをあけてはならない。スキマクグリから身《み》を守《まも》るには、この方法《ほうほう》しかないのだ。

このわたし、白《しろ》ネコのムクはそう思っている。

けれども、まんいち、スキマクグリに家《いえ》の中《なか》に入《はい》られてしまったらどうするか？

110

そのときは、どこからでもいいから、家《いえ》の外《そと》ににげよう。

でも、家《いえ》がビルの高《たか》いところにあったら？

そのときは、ベランダに出《で》て、大声《おおごえ》でたすけをもとめるのだ。

さもなければ、なんとか、電話《でんわ》のところまでいって、１１０番《ばん》をする。電話《でんわ》がつながったとき、ひとこと、

「たすけてーっ！」

とさけべば、警察《けいさつ》の人《ひと》は、きみの家《いえ》で異常《いじょう》があったことに気《き》づいてくれるだろう。

スキマクグリもまた、おまわりさんのことがこわいのだ。

6　クモ妖怪《ようかい》ゲンバアとセミ妖怪《ようかい》ゲンジイ

日曜日《にちようび》の夕方《ゆうがた》、ビルの工事現場《こうじげんば》から……。

カーンコーン、カーンコーン……。

そんな音《おと》が聞《き》こえることがある。

日曜日《にちようび》だから、工事《こうじ》はお休《やす》みのはずなのだ。それで、おかしいなと思《おも》って、金《かな》あみフェンスのすきまから、ビルの工事現場《こうじげんば》をのぞくと……。

すると、どうだろう！　工事《こうじ》の人《ひと》がだれもいないのに、まるでだれかがあなをほっているみたいに、シャベルやツルハシがうごいているではないか！

おかしな音《おと》は、シャベルやツルハシの音《おと》だったのだ。

そういうとき、作《つく》りかけのビルのてっぺんを見《み》あげて、そこで、ふりそですがたのおばあさんが両手《りょうて》をあげたりさげたりしていたら、それはゲンバアという妖怪《ようかい》だ。工事中《こうじちゅう》のビルのてっぺんで、見《み》えない糸《いと》を使《つか》い、シャベルやツルハシをうごかしているのだ。

あまり長《なが》く見《み》ていると、ゲンバアに気《き》づかれてしまう。

そうなると、どうなるか？

ゲンバアは見《み》ている人間《にんげん》にむかって、見《み》えない糸《いと》を投《な》げつけてくる。その糸《いと》はとても強《つよ》く、しかもネバネバしている。そのため、投《な》げつけられた人間《にんげん》はたちまち糸《いと》にからめとられてしまう。そして、ビルの屋上《おくじょう》にひっぱりあげられ、そのまま帰《かえ》ってこなくなるのだ。

ゲンバアの正体《しょうたい》は、百年《ひゃくねん》以上《いじょう》生《い》きたメスのクモだといわれている。

また、工事現場《こうじげんば》にあらわれる巨大《きょだい》なセミの妖怪《ようかい》はゲンジイだ。

これは、工事中《こうじちゅう》のビルのかべにへばりつき、
「ジイーッ、ジイーッ!」
と鳴《な》き声《ごえ》をあげている。そして、六本《ろっぽん》の手足《てあし》を使《つか》い、道《みち》を歩《ある》いている人間《にんげん》に、ハンマーを投《な》げつけてくるのだ。ハンマーが頭《あたま》などに命中《めいちゅう》すれば、命《いのち》にかかわる。

ゲンジイはゲンバアとちがい、工事《こうじ》の人《ひと》たちがはたらいているときでも、あらわれる。

ゲンバアにつれさられないためにはどうしたらいいか?

これはかんたんだ。工事現場《こうじげんば》のそばはなるべくはやくとおるようにして、中《なか》をのぞいたりしなければ、ゲンバアにつれさられることはない。

そして、ゲンジイにハンマーを投《な》げつけられないようにするためには?

ゲンバアの場合《ばあい》とおなじで、工事現場《こうじげんば》のそばはなるべくはやくとおりすぎるようにして、上《うえ》のほうにも注意《ちゅうい》をむけていれば、かりにハンマーがおちてきても、よけやすい。

だいたい工事現場《こうじげんば》には〈立入禁止《たちいりきんし》〉とかいてあるのだから、それを無視《むし》してはいけないのだ。

このわたし、白《しろ》ネコのムクはそう思《おも》う。

7 川入道《かわにゅうどう》と海入道《うみにゅうどう》

現代《げんだい》の妖怪《ようかい》は町《まち》の中《なか》に出没《しゅつぼつ》することが多《おお》いが、もちろん、町以外《まちいがい》の場所《ばしょ》に出《で》るものもいる。その中《なか》でもおそろしいのは、川入道《かわにゅうどう》と海入道《うみにゅうどう》だ。

川《かわ》べりでハイキングやつりなどをしていると、川入道《かわにゅうどう》は川《かわ》の上流《じょうりゅう》のほうからやってきて、とつぜん、巨大《きょだい》な上半身《じょうはんしん》を水面《すいめん》から出《だ》し、何十本《なんじっぽん》もある手《て》でそのへんにあるものをつかみとり、川《かわ》の中《なか》に引《ひ》きずりこんでしまう。

人間《にんげん》だろうと、自動車《じどうしゃ》だろうと、おかまいなしだ。

川《かわ》にあらわれるのが川入道《かわにゅうどう》なら、海《うみ》に出《で》るのが海入道《うみにゅうどう》だ。海入道《うみにゅうどう》は、川入《かわにゅう》道《どう》とおなじように、水面《すいめん》からとつぜんあらわれ、海岸《かいがん》や海岸近《かいがんちか》くにあるものをひっさらっていく。村《むら》ごともっていった海入道《うみにゅうどう》もいる。海入道《うみにゅうどう》は川入道《かわにゅうどう》よりも、はるかに大《おお》きい。背《せ》の高《たか》さが何十《なんじゅう》メートルもあることだってある。

川入道《かわにゅうどう》や海入道《うみにゅうどう》から身《み》を守《まも》る方法《ほうほう》はあるのか？

もちろん、ある！

いちばんいいのは、川《かわ》や海《うみ》に近《ちか》づかないことだが、やはり、それはなかなかむずかしいだろう。

では、どうするか？

川入道《かわにゅうどう》も海入道《うみにゅうどう》も、あらわれるまえにはかならず、きざし、つまり、前兆《ぜんちょう》があるのだ。

川入道《かわにゅうどう》の場合《ばあい》、川《かわ》の上流《じょうりゅう》の地域《ちいき》で大雨《おおあめ》がふると、しばらくして、下流《かりゅう》に川《かわ》

入道《にゅうどう》があらわれる。ぎゃくにいえば、上流地域《じょうりゅうちいき》で大雨《おおあめ》がふらないのに、川入《かわにゅう》道《どう》があらわれることはない。

たまに、上流地域《じょうりゅうちいき》で大雨《おおあめ》がふっていないのに、下流地域《かりゅうちいき》で川《かわ》に引《ひ》きずりこまれる人《ひと》がいるが、このわたし、白ネコのムクにいわせれば、それは川入道《かわにゅうどう》のせいではない。川《かわ》であろうと海《うみ》であろうと、町《まち》でも学校《がっこう》でも、家《いえ》の中《なか》でも、どこでもあらわれるべつの妖怪《ようかい》のしわざだ。それについては、あとで話《はな》そう。

海入道《うみにゅうどう》があらわれるのは、たいてい、どこかで大《おお》きな地震《じしん》があったあとだ。地震《じしん》がなければ、ほとんど海入道《うみにゅうどう》はあらわれない。だから、どこかで大《おお》きな地震《じしん》があったときは、いっこくも早《はや》く、高台《たかだい》など、地面《じめん》の高《たか》いところに、にげるのだ。海入道《うみにゅうどう》は台風《たいふう》の高波《たかなみ》ではないから、天気《てんき》のよしあしにかかわりなくあらわれるので、気《き》をつけなければならない。天気《てんき》がいいからといって、ゆだんはできないのだ。

8　見《み》えない妖怪《ようかい》サンマン

たとえば、川入道《かわにゅうどう》のせいではないのに、川《かわ》におちて、おぼれる人《ひと》がいる。それは、妖怪《ようかい》サンマンのせいだ。サンマンにとりつかれ、川岸《かわぎし》で足《あし》をすべらせて、川《かわ》におちたのだ。

「熱《あつ》いから、気《き》をつけなさい。」

といわれたばかりだったのに、熱《あつ》いお茶《ちゃ》をのんで、口《くち》の中《なか》にやけどをしてしまったなどというのも、サンマンのせいだ。

この妖怪《ようかい》はずっと昔《むかし》からいるのに、案外《あんがい》、その名《な》が知《し》られていない。それから、どこにでもいるということは、ひとりではなく、おおぜいいるということだ。

ほかの妖怪《ようかい》たちは、人間《にんげん》の目《め》に見《み》える。一時的《いちじてき》に、すがたをけすことのできる妖怪《ようかい》もいるが、サンマンは、いっさいすがたを見《み》せない。サンマンを見《み》た人間《にんげん》はいない。

サンマンは人間《にんげん》にとりついて、けがをさせたり、病気《びょうき》にかからせたり、あるいは命《いのち》をうばうこともある。

そんなにひどいことまではしないサンマンもいる。

たとえば、せっかくやった宿題《しゅくだい》をうちにおいたまま学校《がっこう》にいってしまうようなとき、それはサンマンがとりついて、宿題《しゅくだい》のことをわすれさせているからかもしれない。

また、テストのとき、こたえを書《か》く場所《ばしょ》をまちがえて、点《てん》がとれなかったというときも、サンマンのせいだろう。

テスト

むろん、そんなことではなく、もっとたいへんなことを引《ひ》きおこすサンマンもいる。

飛行機《ひこうき》のパイロットがサンマンにとりつかれると、どうなるだろうか？　とても、おそろしい結果《けっか》になるだろう。

人間《にんげん》がサンマンにとりつかれると、ふだんはしないようなことをしたり、ふだんならちゃんとすることをしなかったりする。

サンマンのすがたを見《み》ることはできないが、サンマンにとりつかれると、とりつかれた人間《にんげん》は、ちょっとようすがかわることがあるようだ。ねむそうな顔《かお》になったり、動作《どうさ》がにぶくなったり、ぼんやりしているように見《み》えたりすることがあるらしい。そのため、地域《ちいき》によっては、サンマンをボンヤリとよぶところもある。

サンマンはどうしてサンマンという名《な》なのか、それについて、ある妖怪研《ようかいけん》究家《きゅうか》はこう説明《せつめい》している。

「昔《むかし》、その妖怪《ようかい》にとりつかれ、くさったサンマをとれたてだと思《おも》って、なまで食《た》べた男《おとこ》がいたのです。サンマでおなかをこわしたから、サンマンというのです。」

このわたし、白《しろ》ネコのムクは、それをきいたとき、

「それなら、妖怪《ようかい》サンマのはずです。ンはどこにいったのです?」

ときいてみた。

すると、その妖怪研究家《ようかいけんきゅうか》はちょっと考《かんが》えてから、こうこたえた。

「おなかをこわした男《おとこ》が、いたさにたえられず、『んーっ。』とうなったのです。だから、サンマンです。」

それなら、〈サンマン〉ではなく、〈サンマンーッ〉ではないか!

わたしはそう思《おも》ったが、それ以上話《いじょうはな》しあうのもばかばかしいので、議論《ぎろん》は

しなかった。

サンマンは、もとはカタカナではなく、漢字《かんじ》で書《か》いた。漢字《かんじ》で二文字《ふたもじ》だ。その二文字《ふたもじ》の言葉《ことば》は国語辞書《こくごじしょ》にのっているから、ぜひしらべてほしい。


サンマンから身《み》を守《まも》るにはどうしたらいいだろうか？

いちばんだいじなのは、睡眠《すいみん》と栄養《えいよう》をじゅうぶんにとることだ。体《からだ》が元気《げんき》で、頭《あたま》もはっきりしていると、サンマンにとりつかれにくい。

気《き》もちがはりつめている人間《にんげん》には、サンマンはとりつけないといわれている。

「熱《あつ》いから、気《き》をつけなさい。」

といわれたとき、気《き》をはりつめさせて、あいてのいっていることをよくきいていれば、口《くち》の中《なか》をやけどせずにすんだだろう。

しかし、一日中《いちにちじゅう》、気《き》をはりつめてばかりもいられない。これからお茶《ちゃ》をの

もういうときに、気《き》をはりつめさせなさいとも、なかなかいえない。
サンマンから身《み》を守《まも》るのは、なかなかむずかしい。
だいじなことをしているときは、気《き》をはりつめさせよう！

お話《はなし》のあとで

現代《げんだい》の妖怪《ようかい》についての、白《しろ》ネコのムクのお話《はなし》はいかがでしたか？

これって、ほんとうに妖怪《ようかい》の話《はなし》だったのでしょうか？

もしかすると、白《しろ》ネコのムクは妖怪《ようかい》の話《はなし》をしていても、ほんとうはべつのことがいいたかったのかもしれません。

そうだとしたら、白《しろ》ネコのムクは何《なに》をいいたかったのでしょうか。

みなさんで、考《かんが》えてみてください。

ムクと考《かんが》えよう　安全大作戦《あんぜんだいさくせん》

　ムクのお話《はなし》には、現代《げんだい》の妖怪《ようかい》が、たくさん出《で》てきました。背《せ》すじが、ゾゾっとしましたね。

え？　妖怪《ようかい》なんて信《しん》じないって？

たしかに、妖怪《ようかい》がいるかどうかは、じっさいに出《で》くわした人《ひと》にしかわかりません。

　でも、じつはムクが、こっそり、こんなことを教《おし》えてくれました。

「わたし、白《しろ》ネコのムクは、妖怪《ようかい》の話《はなし》と見《み》せかけて、きみたちのまわりにひそむ、危険《きけん》について話《はな》していたのだが、わかったかな？」

　ムクが、危険《きけん》について話《はな》していたのなら、そ

れは、どうしたって信《しん》じるしかありません。なぜなら、妖怪《ようかい》とちがって、危険《きけん》はだれのまわりにも、かならずあるからです。

では、ムクが、どんな危険《きけん》について話《はな》してくれたのかを、いくつか見《み》てみましょう。

コトオナンへは、人《ひと》にじぶんのはだかを見《み》せて、うれしがる人《ひと》のことです。いやな思《おも》いをした小学生《しょうがくせい》は何人《なんにん》もいます。気味《きみ》の悪《わる》かった思《おも》い出《で》が、心《こころ》の傷《きず》になってのこった人《ひと》もいます。

川入道《かわにゅうどう》と海入道《うみにゅうどう》は、洪水《こうずい》と津波《つなみ》のことです。水《みず》の力《ちから》は、とほうもなく大《おお》きいので、水害《すいがい》はとくに危険《きけん》です。東日本大震災《ひがしにほんだいしんさい》による津波《つなみ》は、人々《ひとびと》に想像《そうぞう》もつかないほどの被害《ひがい》をもたらし、日本《にほん》じゅうが悲《かな》しみにつつまれました。

どうしてもおきる自然災害《しぜんさいがい》、事件《じけん》、事故《じこ》

人間《にんげん》は昔《むかし》から、服《ふく》をつくり、家《いえ》をたて、きびしい自然《しぜん》から身《み》を守《まも》ってきました。やがて、川《かわ》の形《かたち》を変《か》え、山《やま》をコンクリートでかため、災害《さいがい》をおきにくくする工事《こうじ》も、できるようになりました。それでも、自然《しぜん》の力《ちから》はあまりに大《おお》きく、すべてを人間《にんげん》の思《おも》いどおりにはできません。

また、人間《にんげん》はみんなで社会《しゃかい》をつくってくらしています。でも、ひとりひとりは考《かんが》え方《かた》がちがいます。そのため、おおぜいになるほど、まとまりがなくなり、かってなことをする人《ひと》がふえるのです。そして、じぶんだけがよければいい、という考《かんが》えがでてきたとき、事件《じけん》がおきます。

さらに、人間《にんげん》はコンピューターではないので、

どう気《き》をつけても、まちがうことがあります。

事故《じこ》は、「ついうっかり」からおきるものです。

安全大作戦《あんぜんだいさくせん》で、じぶんを守《まも》る

「危険《きけん》はかならずおきる」ときくと、どこにもいかず、じっとしていたくなってしまいます。

けれども、たとえば、おにごっこを思《おも》いうかべてみてください。にげる人《ひと》は、おにのようすを見《み》ながら走《はし》りますよね。つかまらないためには、あいてを知《し》る必要《ひつよう》があるからです。

危険《きけん》もおなじです。こわがらずに、その正《しょう》体《たい》を知《し》れば、さけることができます。

さあ、これからムクといっしょに、危険《きけん》にあわないための、安全大作戦《あんぜんだいさくせん》を考《かんが》えましょう。

安全大作戦《あんぜんだいさくせん》——登下校《とうげこう》の巻《まき》

交通事故《こうつうじこ》をさける

道路《どうろ》では、人《ひと》、自転車《じてんしゃ》、車《くるま》などが、それぞれの場所《ばしょ》をめざしています。「人《ひと》は歩道《ほどう》を歩《ある》く」、「信号《しんごう》は青《あお》で進《すす》む」などのルールがなかったら、すぐに事故《じこ》がおきるでしょう。

車道《しゃどう》は車《くるま》が走《はし》るところなので、きゅうに出《で》ていけばひかれます。赤信号《あかしんごう》でわたっても、もちろんひかれます。交通事故《こうつうじこ》にあわないためには、ルールを守《まも》るのが、なによりです。

ところが、じぶんがルールを守《まも》っていても、あいてが守《まも》らなければ、危険《きけん》はやってきます。

首《くび》なし騎馬武者《きばむしゃ》は、わざとルールをやぶる、

「ひとりひとりが交通《こうつう》ルールを守《まも》れば、みんなが安全《あんぜん》になる」

ひどい車《くるま》やバイクです。また、サンマンのせいで気《き》がちると、運転手《うんてんしゅ》は、ルールのことをわすれてしまいます。

ルールを守《まも》らないあいてから身《み》を守《まも》るには、ムクのいうように、エンジンの音《おと》をよくきいて、目《め》で見《み》て注意《ちゅうい》するしかありません。

また、赤信号《あかしんごう》では、車道《しゃどう》からはなれて待《ま》つほうが安全《あんぜん》です。とくに、トラックなどの大《おお》きな車《くるま》が、目《め》のまえで曲《ま》がるときには、うしろのタイヤに気《き》をつけてください。前《まえ》のタイヤにひかれなくても、うしろのタイヤがせまってきて、ひかれることがあるからです。

信号《しんごう》が青《あお》になったら、運転手《うんてんしゅ》がじぶんを見《み》ていることをたしかめて、左右《さゆう》を見《み》てわたります。

「車《くるま》は機械《きかい》だけど、運転《うんてん》しているのは人間《にんげん》。ルールをやぶることもあるんだぞ」

〈つれさり〉をさける

おとなのなかには、子《こ》どもをつれさって、親《おや》からお金《かね》をとろうとしたり、体《からだ》をさわろうとしたりする人《ひと》がいます。

どうして、そんなことをするのでしょう？

たとえば、ケーキが食《た》べたいという気《き》もちを、食欲《しょくよく》といいますね。このように、人間《にんげん》は何《なに》かがしたい、ほしいという「欲《よく》」をもっています。

ざんねんなことに、じぶんの欲《よく》のために、ほかの人《ひと》に害《がい》をあたえる人《ひと》がいます。そして、力《ちから》の弱《よわ》い子《こ》どもは、とくにねらわれやすいのです。

こういう人《ひと》たちから、身《み》を守《まも》るには、ひとりにならないことがかんじんです。友《とも》だちといっしょに帰《かえ》ったり、たくさんの人《ひと》が見守《みまも》ってくれ

る通学路《つうがくろ》をとおったりすれば、安心《あんしん》ですね。

電車通学《でんしゃつうがく》を安全《あんぜん》に

電車《でんしゃ》やバスで学校《がっこう》にいく人《ひと》もいるでしょう。ゆれる乗《の》り物《もの》の中《なか》は、足《あし》もとがふらついて危《き》険《けん》です。すわるか、手《て》すりにつかまるなどすれば、ゆれから体《からだ》を守《まも》ることができます。

また、リクダコオヤジやスワリニギリにも要《よう》注《ちゅう》意《い》。さわりたい「欲《よく》」をもった人《ひと》たちです。おかあさんなど、好《す》きな人《ひと》になでてもらうのは、うれしいけれど、かってな欲《よく》のために体《からだ》をさわられるのは、気味《きみ》が悪《わる》いだけですよね。

知《し》らないおとなにさわられて、へんだなと思《おも》ったら、大声《おおごえ》でまわりの人《ひと》に知《し》らせましょう。

「いやだと思《おも》ったら、がまんしなくていいんだよ」

安全大作戦《あんぜんだいさくせん》——自転車《じてんしゃ》の巻《まき》

自転車《じてんしゃ》に乗《の》るときは、気《き》をつけよう

みなさんは、自転車《じてんしゃ》に乗《の》りますか？

自転車《じてんしゃ》はべんりですが、かなりスピードが出《で》る乗《の》り物《もの》です。じぶんがけがをするほかに、人《ひと》にけがをさせてしまう危険《きけん》もあります。では、自転車《じてんしゃ》に乗《の》るときには、どんなことに気《き》をつければいいのでしょうか？

■体《からだ》の大《おお》きさにあった自転車《じてんしゃ》に乗《の》る

サドルにまたがったときに、両足《りょうあし》の先《さき》が軽《かる》く地面《じめん》につくように。

■ヘルメットをかぶる

■歩道《ほどう》をとおる

小学生《しょうがくせい》は、歩道《ほどう》で自転《じてん》車《しゃ》に乗《の》ってもいいことになっています。歩《ある》いている人《ひと》に気《き》をつけて、ゆっくりと走《はし》ります。

あぶないのは、どんなとき？

■大《おお》きな通《とお》りに出《で》るとき

一度《いちど》とまって、車《くるま》や人《ひと》がこないか、右《みぎ》、左《ひだり》、右《みぎ》、うしろを見《み》てから出《で》ます。

■歩道《ほどう》がない道《みち》で、道《みち》のはじに車《くるま》が止《と》まっているとき

すぐに車《くるま》のよこに出《で》ないで、一度《いちど》とまって、うしろから車《くるま》がこないかを見《み》てから出《で》ます。

■暗《くら》いとき

まわりの人《ひと》に見《み》えるように、ライトをつけます。

アンケート〈ひやり、どっきり、あぶないよ〉

子《こ》どもの自転車《じてんしゃ》について、おとなの人《ひと》は、どんなときが、あぶないと思《おも》っているのでしょうか？　ムクが、きいてきてくれました。

車《くるま》の運転手《うんてんしゅ》からは見《み》えない、横断歩道《おうだんほどう》のてまえから、ななめにとび出《だ》す

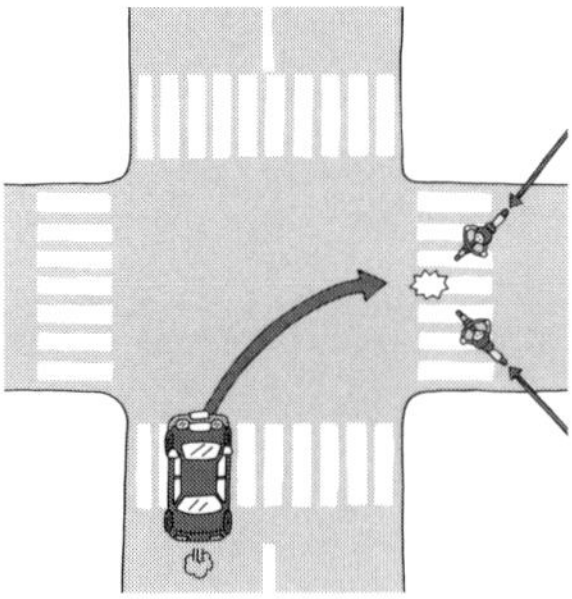

曲《ま》がろうとする車《くるま》のまえに、すごいスピードでとび出《だ》す

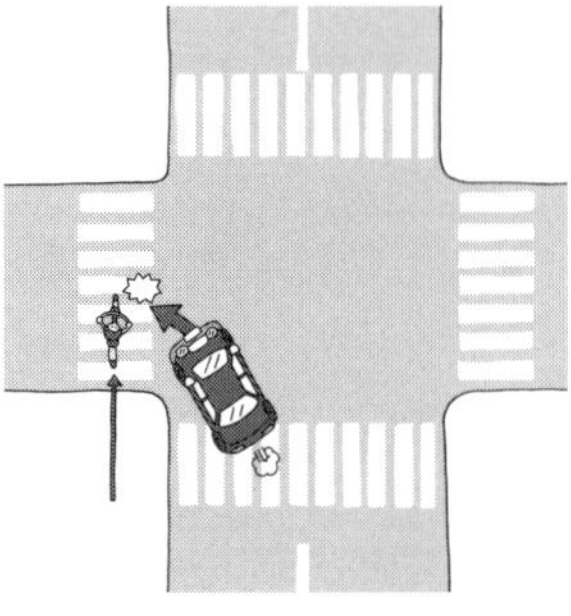

まっすぐ進《すす》んでいたのに、後《うし》ろを見《み》ないで、いきなり道《みち》をわたる

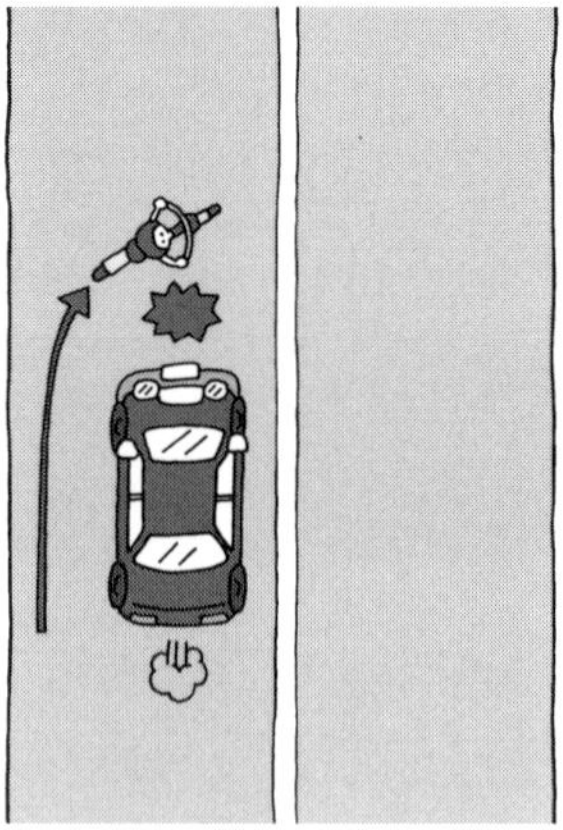

友《とも》だちときょうそうする

よそ見《み》をする

手《て》をはなして乗《の》る

信号《しんごう》が赤《あか》になっても、まえの友《とも》だちのあとにつづいて道《みち》をわたる

ブレーキをかけないで、坂道《さかみち》をすごいスピードで下《くだ》る

「自転車《じてんしゃ》は、規則《きそく》では車《くるま》のなかまだよ。きみが首《くび》なし騎馬武者《きばむしゃ》にならないようにね」

自転車交通標識《じてんしゃこうつうひょうしき》クイズ

道《みち》で見《み》かける標識《ひょうしき》は、車《くるま》を運転《うんてん》する人《ひと》に、いろいろな情報《じょうほう》をつたえています。その中《なか》には、自転車《じてんしゃ》に関係《かんけい》がある標識《ひょうしき》もありますよ。みなさんは、こんな標識《ひょうしき》を、知《し》っていますか？　標識《ひょうしき》とその意味《いみ》をくみあわせてください。

★答《こた》えはこのページの下《した》。

㋐

㋑

㋒

㋓

①一時停止《いちじていし》（一度《いちど》、とまる）

②自転車《じてんしゃ》および歩行者《ほこうしゃ》せんよう

③並進可《へいしんか》（自転車《じてんしゃ》2台《だい》がならんでとおれる）

④自転車通行止《じてんしゃつうこうど》め（自転車《じてんしゃ》は、とおってはいけない）

★答え　㋐-③　㋑-①　㋒-④　㋓-②

おもしろ標識《ひょうしき》クイズ　どんな意味《いみ》かな？

道路《どうろ》には、ほかにもいろいろな標識《ひょうしき》があります。さて、このような標識《ひょうしき》はどんな意味《いみ》でしょうか？　標識《ひょうしき》とその意味《いみ》をくみあわせてください。

★答《こた》えはこのページの下《した》。

㋐

㋑

㋒

㋓

①学校《がっこう》、幼稚園《ようちえん》、保育《ほいく》所《しょ》などあり

②すべりやすい

③動物《どうぶつ》がとび出《だ》すおそれあり

④けいてき（クラクション）ならせ

★答え　㋐-③　㋑-①　㋒-④　㋓-②

安全大作戦《あんぜんだいさくせん》——学校《がっこう》の巻《まき》

〈うっかり危険《きけん》〉をさける

学校《がっこう》でのたいてきは、妖怪《ようかい》サンマンです。「サンマン」を国語辞書《こくごじしょ》でひくと、「散漫《さんまん》」と書《か》いてあります。これは、気《き》がちって、ものごとをきちんと考《かんが》えられないようすのことです。

友《とも》だちともりあがってはしゃいでいたり、まえの日《ひ》におそくまでおきていて、頭《あたま》がぼんやりしていたりすると、散漫《さんまん》になります。

散漫《さんまん》は、こんな危険《きけん》を引《ひ》きおこします。

・階段《かいだん》、ベランダなど高《たか》いところからおちる。
・理科室《りかしつ》、図工室《ずこうしつ》、家庭科室《かていかしつ》などの道具《どうぐ》でけがをする。

・校庭《こうてい》の遊具《ゆうぐ》からおちる。
・ろうかを走《はし》ってころんだり、人とぶつかったりする。
・プールでおぼれる。
・ストーブでやけどをしたり、火事《かじ》を引《ひ》きおこしたりする。

やっかいなのは、じぶんが散漫《さんまん》だとは、なかなか気《き》づかないところ。気《き》がついたときには、もう手《て》おくれになっていることが多《おお》いのです。

けれども、じぶんでは気《き》がつかなくても、友《とも》だちの散漫《さんまん》には、気《き》づきやすいものです。みんなで声《こえ》をかけあえば、サンマンをおいはらうことができます。

安全大作戦《あんぜんだいさくせん》——放課後《ほうかご》、外《そと》であそぶときの巻《まき》

危険《きけん》な場所《ばしょ》をさける

家《いえ》や学校《がっこう》の外《そと》には、危険《きけん》な場所《ばしょ》がたくさんあります。

工事現場《こうじげんば》や資材《しざい》・材木《ざいもく》おき場《ば》などでは、ものがおちてきてけがをすることがあります。仕事《しごと》をしているおとなも、ヘルメットをかぶるなど、安全《あんぜん》にはとても注意《ちゅうい》している場所《ばしょ》です。つまり、危険《きけん》だらけということですよね。

また、地形《ちけい》によっても危険《きけん》がひそんでいます。川《かわ》や池《いけ》やダムなどでは水《みず》におちておぼれることがあるし、がけからおちれば、けがをします。

「ゲンバアとゲンジイは、工事現場《こうじげんば》の危険《きけん》のことだったんだ。わかったかな？」

山《やま》でまよったという話《はなし》も、よく耳《みみ》にします。

「君子《くんし》あやうきに近《ちか》よらず」ということわざがあります。かしこい人《ひと》は、危険《きけん》に近《ちか》づかないという意味《いみ》です。おぼえておきたい言葉ですね。

また、人《ひと》の多《おお》い、少《すく》ないが危険《きけん》にかかわることも、知《し》っておくとよいでしょう。

人《ひと》が多《おお》いにぎやかなところでは、事件《じけん》がおきやすいので、まきこまれる心配《しんぱい》があります。反《はん》対《たい》に、さみしい公園《こうえん》などでは、何《なに》かがおきても、たすけてくれる人《ひと》がいません。

何《なに》かあったときのためにも、行《い》き先《さき》と、帰《かえ》る時間《じかん》をおうちの人《ひと》に知《し》らせておくといいですね。

もちろん、妖怪《ようかい》や悪《わる》いおとながすきな、おそい時間《じかん》には、外《そと》にいないほうが安全《あんぜん》です。

「にぎやかなところでは、
悪《わる》いことをしても
目立《めだ》たなくて、
にげやすいんだ」

家族《かぞく》で安全《あんぜん》マップをつくろう！

ふだん何気《なにげ》なくとおっている道《みち》にも、気《き》をつけて見《み》れば、危険《きけん》がひそんでいるかもしれません。

おうちの人《ひと》といっしょに、じぶんの町《まち》の安全《あんぜん》マップをつくってみませんか？

用意《ようい》するもの：町《まち》の地図《ちず》、メモ用紙《ようし》、画用紙《がようし》、カラーペン

1. 通学路《つうがくろ》や、いつもあそぶあたりを地図《ちず》で見《み》ながら、歩《ある》く道順《みちじゅん》をきめる。
2. おうちの人《ひと》と、じっさいに歩《ある》きながら、危険《きけん》な場所《ばしょ》をさがして、メモをとる。写真《しゃしん》をとってもいい。

［こんなところをチェック！］
- 出入《ではい》りがしやすく、外《そと》から見《み》えにくいところは？
- 交通事故《こうつうじこ》がおきやすいところは？
- 危険《きけん》な地形《ちけい》は？
- 人《ひと》が多《おお》いところ、少《すく》ないところは？
- 「こども110番《ばん》の家《いえ》」があるところは？

3. 発見《はっけん》したことを書《か》きこめるよう、地図《ちず》を画用紙《がようし》に大《おお》きくかきうつし、メモを見《み》ながら安全《あんぜん》マップをかんせいさせる。

「かきうつした地図《ちず》は、ぴったり正確《せいかく》でなくてもだいじょうぶ」

■安全《あんぜん》マップ例《れい》

安全大作戦《あんぜんだいさくせん》——家《いえ》の巻《まき》

家《いえ》に危険《きけん》をもちかえらない

スキマクグリは、子《こ》どもが留守番《るすばん》する家《いえ》に入《はい》り、悪《わる》いことをしようとたくらむ人《ひと》です。子《こ》どものあとをつけるのもとくいですが、ときには、かくれてまっていることもあります。ガレージや庭《にわ》のすみ、マンションのろうかやエレベーターなどが、かくれやすい場所《ばしょ》です。

だれもいない家《いえ》に帰《かえ》るときには、あたりにあやしい人《ひと》がいないかよく見《み》て、おかしいと思《おも》ったら、近《ちか》くのおとなに知《し》らせてください。

ところで、みなさんは、近所《きんじょ》の人《ひと》にあいさつをしていますか？　あいさつを、したりされた

りすると、気分《きぶん》がいいですよね。しかも近所《きんじょ》どうしのなかがいいと、悪《わる》い人《ひと》が近《ちか》よりにくいといわれています。

危険《きけん》を家《いえ》に入《い》れない、つくらない

ほっとできるはずの家《いえ》にも、悪《わる》い人《ひと》がやってくるかもしれません。子《こ》どもだけでいるときには、まどや玄関《げんかん》のかぎを、しっかりしめれば安《あん》心《しん》です。だれがたずねてきても、玄関《げんかん》のドアはあけないようにしましょう。

また、家《いえ》のなかには、ガスレンジやほうちょうなど、火事《かじ》やけがの元《もと》になるものもあります。留守番《るすばん》のときに、おとなのまねをして、あれこれいじると、思《おも》わぬ危険《きけん》をまねきますよ。

危険《きけん》なのは、どんなとき？

学校《がっこう》の帰《かえ》りや、外《そと》であそんでいて、ついていってはいけないのは、どんなときですか？

サラリーマンのようなかっこうをした人《ひと》が、車《くるま》の中《なか》から、「道《みち》を教《おし》えてくれる？」と、とてもこまったようすで、声《こえ》をかけてきた

きれいなふくを着《き》たおばさんから名前《なまえ》をよばれて、「お母《かあ》さんがよんでいるから、いっしょにいこう」といわれた

公園《こうえん》で、やさしそうなおにいさんが、「犬《いぬ》がにげちゃったんだ。いっしょにさがしてくれる？」とたのんできた

車《くるま》からしんせつそうなおにいさんがおりてきて、「いそぐの？　おくってあげるよ」と声《こえ》をかけてきた

にこにこしたおじさんが、「おもちゃを買《か》ってあげるから、いっしょにおいでよ」と話《はな》しかけてきた

★答《こた》えは次《つぎ》のページにあります。

答《こた》え　知《し》らない人《ひと》についていくのは、どんなときも危険《きけん》です。

＊　＊　＊

まえのページの、どの人《ひと》であっても、声《こえ》をかけてきた人《ひと》を知《し》らないときには、ついていかないことです。

やさしそうだから、しんせつそうだからといって、知《し》らない人《ひと》を信《しん》じてはいけません。危《き》険《けん》な人《ひと》はいつも妖怪《ようかい》のようなすがたをしているわけではありませんからね。

名前《なまえ》をよんだとしても、名札《なふだ》やカバンに書《か》いてある名前《なまえ》が見《み》えたのかもしれません。外《そと》を歩《ある》くときには、名前《なまえ》が見《み》えないようにしなければなりません。

危険《きけん》なときには、にげる

ひとりでいるときに、知《し》らない人《ひと》がすぐうしろをついてきたり、手《て》をひっぱられたりして、危険《きけん》だと思《おも》ったときには、すぐにげてください。防犯《ぼうはん》ブザーをならす、大声《おおごえ》をあげる、「こども110番《ばん》の家《いえ》」が近《ちか》くにあったら、そこに行《い》くなどして、まわりの人《ひと》に知《し》らせるようにします。

もしもこわいと思《おも》うことがあったときは、帰《かえ》ってから、かならずおうちの人《ひと》に話《はな》してくださいね。おこられるかも、なんて心配《しんぱい》しないで、きちんと話《はな》すことが、大切《たいせつ》ですよ。

「とにかく、にげること」

携帯電話《けいたいでんわ》

みなさんの中《なか》には、ならいごとにいくときや、しごとをしているおうちの人《ひと》にれんらくをするときのために、携帯電話《けいたいでんわ》をもっている人《ひと》もいるかもしれませんね。

携帯電話《けいたいでんわ》の使《つか》い方《かた》については、おうちの人《ひと》と、よく話《はなし》をして、ルールをきめてください。

携帯電話《けいたいでんわ》で気《き》をつけるのは、こんなことです。

■安全《あんぜん》のための設定《せってい》をする

お店《みせ》で携帯電話《けいたいでんわ》を買《か》うときに、お店《みせ》の人《ひと》とそうだんをして、あぶない情《じょう》報《ほう》やメールがこないようにします。

「使《つか》い方《かた》をまちがえると、ケータイは妖怪《ようかい》になるよ」

■知《し》らない人《ひと》からかかってきた電話《でんわ》・
メールには、こたえない

おうちの人《ひと》の電話番号《でんわばんごう》は「電話帳《でんわちょう》」に、とうろくしておきます。知《し》らない番号《ばんごう》からかかってきたときには、出《で》ないようにします。

■インターネットなどを、かってに使《つか》わない

携帯電話《けいたいでんわ》は、電話《でんわ》をするほかにも、さまざまな使《つか》い方《かた》があります。でも、よくわからないで使《つか》うと、危険《きけん》です。かってに使《つか》うまえに、おうちの人《ひと》とそうだんしてください。

防犯《ぼうはん》ブザーの使《つか》い方《かた》

みなさんは、防犯《ぼうはん》ブザーをもっていますか？学校《がっこう》で貸《か》し出《だ》しをしているところも、あるようですね。

でも、防犯《ぼうはん》ブザーをもっているだけで、安心《あんしん》してはいけません。つけ方《かた》と使《つか》い方《かた》を、きちんと知《し》っておくことが大切《たいせつ》です。

つけるのは、目《め》につくところ、手《て》がとどくところです。ランドセルなら、肩《かた》ベルトの胸《むね》の高《たか》さくらいのところにつけます。

半年《はんとし》か一年《いちねん》ごとにならしてみて、電池《でんち》が切《き》れていたら、こうかんしてください。

おぼえておこう、安全大作戦《あんぜんだいさくせん》

みなさんのまわりには、たくさんの危険《きけん》がひそんでいることが、よくわかったと思《おも》います。

けれども、ムクといっしょに安全大作戦《あんぜんだいさくせん》を考《かんが》えてきたみなさんなら、こわいと不安《ふあん》になることはないはずです。きちんと正体《しょうたい》を知《し》って、うまく危険《きけん》をさけてください。

でも、もし危険《きけん》にあってしまったら、そのときすることはひとつです。とにかくにげて、おとなに知《し》らせましょう。

「妖怪《ようかい》も危険《きけん》も、
あいてをよく知《し》っていれば、
こわくないぞ」

斉藤　洋（さいとう　ひろし）

亜細亜大学教授。1986年『ルドルフとイッパイアッテナ』で講談社児童文学新人賞受賞。1988年『ルドルフともだちひとりだち』（講談社）で野間児童文芸新人賞受賞。1991年「路傍の石」幼少年文学賞受賞。おもな作品に『ほらふき男爵の冒険』「白狐魔記」「アラビアン・ナイト」シリーズ（偕成社）、「なん者ひなた丸」「ナツカのおばけ事件簿」シリーズ（あかね書房）、『日曜の朝ぼくは』『テーオバルトの騎士道入門』「西遊記」シリーズ（理論社）、『ルーディーボール』（講談社）などがある。

森田みちよ（もりた　みちよ）

おもな絵本の作品に『うとうとまんぼう』『ぷてらのタクシー』（講談社）、『しりとりたぬき』『しりとりこあら』「ミニしかけ絵本」シリーズ（岩崎書店）、『がんばれ！　とびまる』「ぶたぬきくん絵本」シリーズ（佼成出版社）、おもな挿絵の作品に『ドローセルマイアーの人形劇場』（あかね書房）、『クリスマスをめぐる7つのふしぎ』『日曜の朝ぼくは』『黄色いポストの郵便配達』『夜空の訪問者』「なんでもコアラ」「いつでもパラディア」シリーズ（理論社）などがある。

キッズ生活探検団

奥澤朋美（おくざわ　ともみ）

広告代理店で宣伝活動の企画立案を手がけた後、フリーで通訳・翻訳を行う。子育て、小学校での読み聞かせを通じて、子どもの本の魅力を再認識。現在は、翻訳をする傍ら、児童書翻訳ゼミに参加。

おおつかのりこ（大塚　典子）

子どもの本好きが集まる「やまねこ翻訳クラブ」で文章鍛錬を重ね、現在は児童書翻訳に携わる。翻訳、おはなし会、絵本紹介、児童書研究などを通じて、たくさんの小さな心に本の楽しさを届けたいと奮闘中。

檀上聖子（だんじょう　せいこ）

出版社勤務等を経て、2004年に出版企画工房「本作り空sola」を立ち上げる。次世代につながる仕事、記録する仕事をしていきたい、と思っている。

「ムクと考えよう　安全大作戦」

◆取材協力（五十音順、敬称略）
市川志乃　大野早苗　木内弘子　久野典恵　河野直美　近藤千明　さかいたけし
中尾しょうこ　林弓恵　山口弥生　横山和江　吉井知代子　吉田さち

◆編集・制作：本作り空sola
中浜小織（装丁）
伊藤美保・河尻理華・檀上聖子（編集）
檀上啓治（制作）

キッズ生活探検《せいかつたんけん》　おはなしシリーズ
おぼえておこう　安全大作戦《あんぜんだいさくせん》
2011年8月25日　初版第1刷発行

作　斉藤洋とキッズ生活探検団
絵　森田みちよ
発行者　小原芳明
発行所　玉川大学出版部
〒194-8610　東京都町田市玉川学園6-1-1
TEL 042-739-8935　FAX 042-739-8940
http://www.tamagawa.jp/introduction/press/
振替:00180-7-26665
編集　森 貴志

印刷・製本　大日本印刷株式会社

乱丁・落丁本はお取り替えいたします。

Printed in Japan
ISBN978-4-472-05913-1 C8037 / NDC159